GRAPHIC LIBRARY® en español

I0878146

CIENCIA GRÁFICA

CÓMO COMPRENDER LA FOTOSÍNTESIS con MAX AXIOM® SUPERCIENTÍFICO

por Liam O'Donnell

ilustrado por Richard Dominguez

y Charles Barnett III

Consultor:

Ron Browne, PhD

Profesor Adjunto de Educación Primaria

Minnesota State University, Mankato

CAPSTONE PRESS

a capstone imprint

Graphic Library is published by Capstone Press,
1710 Roe Crest Drive, North Mankato, Minnesota 56003
www.capstonepub.com

Library of Congress Cataloging-in-Publication Data
O'Donnell, Liam, 1970-
[Understanding photosynthesis with Max Axiom, super scientist. Spanish]
Cómo comprender la fotosíntesis con Max Axiom, supercientífico / por Liam O'Donnell ; ilustrado por Richard Domínguez y Charles Barnett III ; consultor, Ronald Browne.
p. cm.
ISBN 978-1-62065-180-3 (library binding)
ISBN 978-1-62065-984-7 (paperback)
ISBN 978-1-4765-1619-6 (ebook PDF)
1. Photosynthesis—Comic books, strips, etc. 2. Photosynthesis—Juvenile literature. 3. Graphic novels. I. Dominguez, Richard, ill. II. Barnett, Charles, III, ill. III. Title.
QK882.O3413 2013
572'.46—dc23 2012021062

Summary: In graphic novel format, follows the adventures of Max Axiom as he explains the science behind photosynthesis—in Spanish

Art Director and Designer
Bob Lentz

Cover Artist
Tod Smith

Colorist
Michael Kelleher

Spanish Book Designer
Eric Manske

Editor
Donald Lemke

Translation Services
Strictly Spanish

Production Specialist
Laura Manthe

Printed in the United States 6564

TABLA DE CONTENIDOS

ALIMENTO DEL SOL ---------- 4

MEZCLAR MOLÉCULAS ---------- 6

CICLOS ---------- 16

PLANTAS Y PERSONAS ---------- 24

Más sobre Fotosíntesis y Max Axiom 28–29
Glosario 30
Sitios de Internet 31
Índice 32

SECCIÓN 1 ALIMENTO DEL SOL

¡Es cierto!
Cuando el sol brilla, es hora de comer para las plantas.
Los humanos y otros animales no reciben sus alimentos del sol.
Aún así, todos confiamos en la fotosíntesis para mantener nuestro aire fresco y limpio.
Desde el árbol más alto hasta la flor más pequeña, cada planta convierte la energía del sol en alimento.
Este proceso se llama fotosíntesis.
Vamos a mirar de cerca este proceso maravilloso y a aprender por qué plantas saludables significan un planeta saludable.

La fotosíntesis es un trabalenguas y puede ser difícil de decir.
En realidad, son dos palabras juntas.
Foto
Síntesis
La primera mitad significa "luz".
La segunda mitad significa "unir".
Foto =
Luz
Síntesis =
unir
Cuando dos partes se unen, la palabra fotosíntesis significa unirse con la luz.
¿Pero qué están uniendo las plantas?
Fotosíntesis

Cada tipo de planta verde forma alimentos a través de la fotosíntesis.
Y como tu comida favorita, este proceso químico necesita la mezcla perfecta de ingredientes.
El ingrediente principal es la luz solar.
La luz del Sol está llena de energía, la cual es absorbida por las plantas.
Pero las plantas no pueden convertir la luz solar en alimentos sin el ingrediente siguiente.
Y este ingrediente proviene de tú y yo.

DEFINICIÓN

Dióxido de carbono
Un gas incoloro e inodoro que las personas y las plantas exhalan

Las plantas absorben este gas.
El dorso de cada hoja de planta está cubierto con agujeros o poros microscópicos.
Cada una de estas pequeñas aberturas se llama estoma.
ESTOMA
Las plantas absorben moléculas de dióxido de carbono a través de estomas diminutos.
DIÓXIDO DE CARBONO
Todo este dióxido de carbono es importante, pero se necesita un ingrediente más para que ocurra la fotosíntesis.
KRRACKK!
PLINKK!

Las plantas necesitan agua para la fotosíntesis.
Mientras que el dióxido de carbono se absorbe a través de las hojas, el agua es absorbida por otra parte de la planta.
¡Las raíces!
Las raíces sostienen la planta en su lugar y toman nutrientes del suelo. También sirven como acueducto.
Pelos pequeñísimos en sus raíces succionan el agua en el suelo.
PELO DE LA RAÍZ
PARTÍCULA DE SUELO
AGUA

El agua absorbida por la planta viaja a través de haces vasculares en la raíz.
RAÍZ
Corte transversal de la raíz
HACES VASCULARES
XILEMA
FLOEMA
Cada haz vascular contiene canales llamados xilemas. El xilema bombea agua hacia las hojas.
HACES VASCULARES
El xilema no es el único tipo de tejido en el haz vascular. Otro canal llamado floema lleva azúcar a través de las hojas y las venas de la planta.

Las plantas necesitan agua en estos canales para empezar el proceso de fotosíntesis.
Antes de que puedan usar el agua, necesitan descomponerla en átomos más simples.
Cada molécula de agua contiene dos átomos de hidrógeno y un átomo de oxígeno.
HIDRÓGENO
HIDRÓGENO
OXÍGENO
Para ver dónde las plantas separan las moléculas de agua, saltemos adentro de la célula vegetal.

Las hojas de las plantas contienen millones de células.
Las partes dentro de cada célula trabajan juntas para mantener saludable a la planta y para ayudarla a crecer.
Los cloroplastos son estructuras pequeñas dentro de las células que descomponen moléculas de agua y permiten que ocurra fotosíntesis.
NÚCLEO: Contiene información de funcionamiento y reproducción
CLOROPLASTO: Descompone moléculas de agua y permite la fotosíntesis
MITOCONDRIA: Descompone los azúcares en energía para la planta
VACUOLA: Almacena compuestos
PARED CELULAR: Da estructura y provee protección

Dentro de cada cloroplasto hay pilas de discos que contienen una sustancia verde llamada clorofila.
La clorofila captura la energía de la luz solar.
Esta energía causa que las moléculas de agua se dividan.
Los átomos de oxígeno forman pares y van en una dirección.
Los átomos de hidrógeno tienen otro trabajo. Se mezclan con partes del dióxido de carbono que la planta absorbió del aire.

Esta mezcla forma un tipo de azúcar llamada glucosa.
MOLÉCULA DE GLUCOSA
Glucosa es la base del alimento de la planta.
Las plantas usan azúcar para crear otros tipos de alimentos como almidón, proteínas y grasas.
ENERGÍA DE LUZ
Estos alimentos se envían a través de canales delgados llamados floemas.
OXÍGENO
DIÓXIDO DE CARBONO
El floema llega a cada parte de la planta, manteniéndola saludable.
AGUA

La fotosíntesis también mantiene a los animales saludables.
¿Recuerdas cuando la planta dividió la molécula de agua y usó los átomos de hidrógeno para crear alimento?
No usó los átomos de oxígeno que provinieron de la molécula de agua.
La planta no usa el oxígeno adicional, pero nosotros sí lo hacemos.
Las plantas liberan el oxígeno al aire a través de sus estomas o poros diminutos.

OXÍGENO
Las personas y los animales respiran oxígeno y lo necesitan para sobrevivir.
Cuando exhalan, las personas y los animales liberan dióxido de carbono al aire.
DIÓXIDO DE CARBONO
Las plantas toman el gas para empezar la fotosíntesis otra vez. Esto proceso continuo se conoce como el ciclo del oxígeno.

Durante la fotosíntesis, las plantas no pueden usar toda el agua que absorben del suelo.
Afortunadamente, tienen un sistema muy inteligente que les permite usar solo el agua que necesitan para permanecer saludables y crecer.
Se llama transpiración.
A través de ese proceso, las plantas liberan el agua adicional de sus estomas o poros.
De hecho, toda menos el 10 por ciento del agua absorbida por plantas sale por el estoma.
La transpiración mantiene el agua en movimiento a través de las plantas y ayuda a mantenerlas frescas durante días calurosos.
De la misma manera en que transpiramos cuando el tiempo se pone caluroso.

Este vapor de agua pronto se enfría y forma nubes.
La transpiración es una gran parte del ciclo del agua de la Tierra. Cuando el agua sale de la planta, se evapora rápidamente en el aire.
Cuando las nubes se llenan con vapor de agua, liberan lluvia o nieve de vuelta a la Tierra.
Y el ciclo del agua comienza nuevamente.
Mucha de esta precipitación se absorbe nuevamente en el suelo, donde es succionada por plantas sedientas.

Igual que oxígeno y agua, todos los organismos necesitan energía para sobrevivir.
El Sol es la fuente principal de energía para todos los seres vivos en la Tierra.
Las plantas son los únicos organismos en la Tierra que pueden tomar energía del Sol y convertirla en alimento.
Son conocidas como productoras en la cadena alimentaria de la naturaleza.
Las cadenas alimentarias son los caminos que la energía toma a través de la comunidad de plantas y animales.
20

Los productores son el primer eslabón en cada cadena alimentaria.
La mayoría de los otros organismos, como el conejo, no pueden crear su energía del Sol. Deben encontrar su energía en otra parte.
Algunos comen plantas para energía.
Y algunos obtienen su energía comiendo a otros animales.
Todos estos animales son conocidos como consumidores.
Sin las plantas y la fuerza de la fotosíntesis, no podrían existir.
HERBÍVOROS
CARNÍVOROS
OMNÍVOROS

Las plantas necesitan la fotosíntesis para sobrevivir, pero en climas fríos algunas plantas pierden esta habilidad.
Mientras los días se acortan en el otoño, estas plantas dejan de producir clorofila verde. Las hojas revelan colores brillantes rojos, naranjas y amarillos.
Eventualmente, todas las hojas se caen.

¿Cómo sobreviven las plantas durante el invierno largo y frío sin fotosíntesis?
Se aletargan y confían en la energía almacenada durante la temporada de crecimiento.

En primavera, el proceso de fotosíntesis empieza nuevamente. Días más largos, temperaturas cálidas y tiempo más lluvioso despiertan a las plantas.
Pronto, pequeñas hojas brotan de sus ramas.
En poco tiempo, las hojas están absorbiendo los rayos de sol del verano y convirtiendo energía en alimento otra vez.

PLANTAS Y PERSONAS

El dióxido de carbono adicional poluciona la atmósfera de la Tierra. El calor del sol es atrapado entre esta barrera de gas y la tierra.
atmósfera — la mezcla de gases que rodea a planetas y lunas

Como resultado, las temperaturas en todo el mundo están subiendo.
Si esta tendencia continúa, todos los seres vivos en la Tierra podrían estar en peligro.

Las plantas no pueden mantener el aire limpio y al planeta saludable por sí solas.
Todos debemos hacer nuestra parte para reducir el dióxido de carbono en nuestra atmósfera.
Empieza por la manera en que te movilizas.
Encuentra maneras de transporte que creen poco o nada de dióxido de carbono.
Planta árboles para ayudar a reducir la polución que creamos.
Aprende lo más que puedas sobre cómo proteger el medio ambiente.
BIBLIOTECA
Luego, solicita a la gente que conoces que también haga su parte.

Porque algunas veces, la gente se olvida que las plantas son importantes.
Pero sabemos que las plantas crean alimentos y mantienen el aire limpio.
La próxima vez que veas a una planta extendiéndose hacia el sol, recuerda que está ocurriendo fotosíntesis.

MÁS SOBRE FOTOSÍNTESIS

- La fuente principal de energía para todos los seres vivos está a más de 93 millones de millas (150 millones de kilómetros). Afortunadamente, la energía del Sol viaja extremadamente rápido y lleva solo ocho minutos para alcanzar nuestro planeta.

- Partes del proceso de fotosíntesis pueden continuar aún sin la luz del sol. Cuando el sol se pone, las plantas todavía convierten la energía en azúcares para alimento. Esta parte del proceso es conocida como fase oscura de reacción.

- Nuestro planeta tiene una amplia variedad de vida vegetal. De hecho, más de 260,000 especies de plantas crecen en la Tierra.

- La planta monotropa uniflora no tiene clorofila. La planta que florece es completamente blanca y ha sido llamada planta muerta o flor fantasma. Carece la habilidad de crear alimentos y por eso la monotropa uniflora absorbe energía a través de sus raíces de los hongos.

- Mientras algunas plantas no necesitan la luz solar, otras no necesitan el suelo. Las plantas epífitas cavan sus raíces en árboles o rocas como soporte. El musgo, las orquídeas y otras epífitas a menudo viven alto en los árboles para recibir mejor luz solar. Debido a su ubicación, son llamadas algunas veces "plantas aéreas".

- Plantar un árbol puede tener un gran impacto. Un árbol maduro produce suficiente oxígeno para apoyar a cuatro personas por año.

Las plantas son los únicos productores de la Tierra. La mayoría de los organismos están divididos en tres tipos de consumidores:

Herbívoros—animales que comen solo plantas
Carnívoros—animales que comen otros animales
Omnívoros—animales que comen plantas y animales

Las plantas pueden ser carnívoras. Algunas plantas, incluyendo la Venus atrapamoscas y copas de mono, viven donde hay pocos nutrientes en el suelo. Ellas capturan insectos en sus trampas para alimentarse.

MÁS SOBRE

MAX AXIOM

SUPERCIENTÍFICO

Nombre real: Maxwell J. Axiom
Ciudad natal: Seattle, Washington
Estatura: 6' 1" **Peso:** 192 lbs
Ojos: Marrón **Cabello:** No tiene

Supercapacidades: Superinteligencia; capaz de encogerse al tamaño de un átomo; los anteojos le dan visión de rayos X; la bata de laboratorio le permite viajar a través del tiempo y el espacio.

Origen: Desde su nacimiento, Max Axiom parecía destinado a la grandeza. Su madre, una bióloga marina, le enseñó a su hijo sobre los misterios del mar. Su padre, un físico nuclear y guardabosques voluntario, le enseñó a Max sobre las maravillas de la Tierra y el cielo.

Un día durante una caminata en áreas silvestres, un rayo mega-cargado golpeó a Max con furia cegadora. Cuando se despertó, Max descubrió una nueva energía y se dispuso a aprender todo lo posible sobre la ciencia. Viajó por el planeta y obtuvo grados universitarios en cada aspecto del campo científico. Al volver, estaba listo para compartir su conocimiento y nueva identidad con el mundo. Se había transformado en Max Axiom, supercientífico.

Glosario

la atmósfera—la mezcla de gases que rodean a la Tierra

el átomo—un elemento en su forma más pequeña

la clorofila—la sustancia verde en plantas que usa luz para producir alimentos a partir de dióxido de carbono y agua

el dióxido de carbono—un gas inodoro e incoloro que exhalan las personas y los animales

el hidrógeno—un gas incoloro que es más liviano que el aire y se quema más fácil

la molécula—los átomos que forman la unidad más pequeña de una sustancia; H20 es la molécula del agua

el oxígeno—un gas incoloro en el aire que las personas y los animales necesitan para poder respirar

la precipitación—agua que cae de las nubes a la superficie de la tierra; la precipitación puede ser lluvia, granizo, aguanieve o nieve

la transpiración—el proceso por el cual las plantas dan humedad a la atmósfera

vascular—un sistema de canales para transportar fluidos a través de las plantas

SITIOS DE INTERNET

FactHound brinda una forma segura y divertida de encontrar sitios de Internet relacionados con este libro. Todos los sitios en FactHound han sido investigados por nuestro personal.

Esto es todo lo que tienes que hacer:

Visita *www.facthound.com*

Ingresa este código: 9781620651803

ÍNDICE

agua, 10–11, 12, 13, 14, 15, 16, 18–19, 20
aire, 5, 14, 16, 17, 19, 24, 26, 27
atmósfera, 25, 26

cadenas alimentarias, 20–21
calentamiento global, 25
célula vegetal, 12, 13
ciclo del agua, 19
ciclo del oxígeno, 17
clorofila, 14, 22, 28
cloroplastos, 13, 14
comunidad, 20
consumidores, 21, 29
  carnívoros, 21, 29
  herbívoros, 21, 29
  omnívoros, 21, 29

dióxido de carbono, 8, 9, 10, 14, 15, 17, 24, 25, 26

energía, 5, 7, 13, 14, 15, 20–21, 22, 23, 28
estaciones, 22–23
estomas, 9, 16, 18

fotosíntesis
  y animales, 5, 8, 16, 17, 20–21
  definición de, 6
  y humanos, 5, 8, 17, 26–27

glucosa, 15

haz vascular, 11, 15
  floema, 11, 15
  xilema, 11
hidrógeno, 12, 14, 16

oxígeno, 8, 12, 14, 15, 16, 17, 20, 28

polución, 24–25, 26
precipitación, 19
productores, 20, 21, 29

raíces, 10–11, 28
reacción oscura, 28

Sol, 4, 5, 7, 14, 20, 21, 23, 25, 27, 28
suelo, 10, 18, 19, 28, 29

Tierra, 19, 20, 25, 29
transpiración, 18, 19